BEI GRIN MACHT SICH IHR WISSEN BEZAHLT

AF136240

- Wir veröffentlichen Ihre Hausarbeit, Bachelor- und Masterarbeit

- Ihr eigenes eBook und Buch - weltweit in allen wichtigen Shops

- Verdienen Sie an jedem Verkauf

Jetzt bei www.GRIN.com hochladen und kostenlos publizieren

Einführung in das Verkaufsmanagement. Verkaufsorganisation, Kundenorientierung, Teams, Controlling

Janine Sengül

Bibliografische Information der Deutschen Nationalbibliothek:

Die Deutsche Nationalbibliothek verzeichnet diese Publikation in der Deutschen Nationalbibliografie; detaillierte bibliografische Daten sind im Internet über http://dnb.d-nb.de abrufbar.

ISBN: 9783346380869
Dieses Buch ist auch als E-Book erhältlich.

Druck und Bindung: Books on Demand GmbH, Norderstedt Germany
Gedruckt auf säurefreiem Papier aus verantwortungsvollen Quellen

Das vorliegende Werk wurde sorgfältig erarbeitet. Dennoch übernehmen Autoren und Verlag für die Richtigkeit von Angaben, Hinweisen, Links und Ratschlägen sowie eventuelle Druckfehler keine Haftung.

Das Buch bei GRIN: https://www.grin.com/document/989408

Deutsche Hochschule für

Prävention und Gesundheitsmanagement

Hermann Neuberger Sportschule 3

66123 Saarbrücken

Einsendeaufgabe

Fachmodul: Verkaufsmanagement

Studiengang: B.A. Fitnessökonomie

Datum
Präsenzphase   **28.08.2017 – 30.08.2017**

Name, Vorname: Sengül, Janine

Studienort: **Stuttgart**

Semester: **WS 2016**

Inhaltsverzeichnis

Tabelle 1: Klassifizierung/Einordnung meines Ausbildungsbetriebs (eigene Darstellung)

Name und Standort (Stadt/Gemeinde) der Anlage:	GmbH
	████████████████████
	Klassifizierung/Einordnung
Anlagenstruktur:	Gemischtes Studio (für Männer und Frauen)
Größe der Anlage:	1.500 bis 2.499 qm
Preisstruktur der Anlage:	60,00€ bis 89,99€
Beschreibung der Kernleistungen (siehe Aufgabe 1):	Verkauf von Mitgliedschaften

1 Verkaufsorganisation

1.1 Verkaufsprozess im Ausbildungsbetrieb

Mein Studio stuft ein Beratungsgespräch, wenn ein Interessent das Studio betritt, in acht Stufen ein, welche in folgender Tabelle beschrieben werden.

Tabelle 2: Stufen eines Beratungsgesprächs in meinem Ausbildungsbetrieb (eigene Darstellung)

8 Stufen des Beratungs-gesprächs	Beschreibung
1. Stufe: Begrüßen und Kennenlernen	Mit kundenorientierter Sprache wird der Interessent freundlich begrüßt, wobei auf die Körperhaltung, Blickkontakt und Selbstsicherheit zu achten ist, denn der erste Eindruck bleibt. Um den Interessenten kennenzulernen werden die fünf Eisbrecherfragen gestellt und ein Smalltalk geführt, um Interesse zu signalisieren. Man bietet dem Interessenten ein Getränk an und nimmt im Bistro Platz.
2. Stufe: Bedarfsanalyse	Zuerst fragt der Berater, ob er sich Notizen machen darf, denn unsere Bedarfsanalyse hat ein vorgefertigtes Formular, welches dem Berater hilft, den Hot-Button herauszufinden und eine Einwandvorbehandlung zu machen, ohne ein Punkt zu vergessen. Es werden Fragen zur momentanen Situation des Interessenten gestellt und was der Auslöser für die Beratung war. Langsam öffnet sich der Interessent und man erfragt seine Probleme und seine Ziele, wobei man diese in der Vergangenheit, in der Gegenwart und auch in der Zukunft darstellt. Der Interessent wird in die Situation gebracht, seine Probleme wahrzunehmen, also tief in den identifizierten Modus der Selbstkonkordanz geführt. Neben den bewussten Bedürfnissen, werden hier jetzt vor allem die unbewussten Bedürfnisse herausgefunden und in Wichtigkeit dargestellt, bis man den Hot-Button, den inneren Wunsch, oder bei uns im Betrieb auch als „Monster" genannt, herausgefunden hat. Im Nachhinein wird eine Einwandvorbehandlung durchgeführt, um mögliche Einwände, Zweifel oder Ängste im Vorfeld zu erkennen und beseitigen.
3. Stufe: Leistungspräsentation	Mit den herausgefundenen Zielen des Interessenten wird ihm nun die Leistung, in unserem Fall der Club, präsentiert. Es ist darauf zu achten, dass die Clubbereiche dem Bedarf entsprechend eingegrenzt werden, dem Interessenten also nur das zeigt, was er braucht. Dabei muss man die Funktionalität des jeweiligen Bereichs erklären und den logischen Nutzen für den Interessenten hervorheben. Nun wird durch die drei Fragen, ob der Club gefällt, ob er seinen Erwartungen entspricht und ob er sich vorstellen kann sein Ziel mit uns zu erreichen, ein Übergang zur Angebotspräsentation hergestellt.

Tabelle 2: Stufen eines Beratungsgesprächs in meinem Ausbildungsbetrieb (Fortsetzung) (eigene Darstellung)

8 Stufen des Beratungsgesprächs	Beschreibung
4. Stufe: Angebotspräsentation	Das Angebot, also die Möglichkeiten, wie der Interessent bei uns seine Ziele erreichen kann, werden auf einem vorgefertigten Blatt, welches auszufüllen ist, dargestellt. Zuerst werden vier Leistungen mit dem Nutzen für ihn aufgeschrieben, die dann zu seinem Wunsch führen, welcher in der Mitte noch einmal groß aufgezeigt wird. Dann erklärt man, dass die Mitgliedschaft aus drei Teilen besteht, aus dem Startpaket, der Servicepauschale und der Mitgliedschaft an sich. Zuerst wird das Startpaket und danach die Servicepauschale vorgestellt, wobei man alle Merkmale und Vorteile erklären muss, damit es für den Interessenten verständlich ist. Für die Mitgliedschaft an sich, werden unsere zwei Pakete für jeweils zwei Laufzeiten empfohlen. Nun wird der Interessent gefragt, für welche Variante er sich entscheidet.
5. Stufe: Einwandbehandlung	Wenn der Interessent nun noch nicht sicher ist, also noch Einwände hat, muss eine Einwandbehandlung durchgeführt werden, welche in meinem Unternehmen nochmals in 6 Schritte unterteilt ist: 1. Zuhören und nichts sagen 2. Verständnis haben und sich mit der Meinung des Interessenten identifizieren 3. Konkreten Einwand erfragen 4. Einwand isolieren und eine Bedingungsfrage stellen 5. Lösung finden (lassen) und den Vorteil mit dem Ziel des Interessenten aus der Bedarfsanalyse verbinden 6. Erfolgreich abschließen
6. Stufe: Abschluss	Der Abschluss der Mitgliedschaft erfolgt über ein Computerprogramm, in dem alle Daten eingetragen werden und die Mitgliedschaft dann ausgedruckt wird. Dem Interessent wird nochmal alles erklärt, um ihm die Angst zu nehmen, zu unterschreiben. Nach der Unterschrift wird das neu gewonnene Mitglied Willkommen geheißen und eine Willkommensmappe, seine Mitgliedskarte, eine Getränkeflasche und das Startpaket ausgehändigt. Es wird direkt ein Folgetermin vereinbart und die Club-Sprache erklärt.
7. Stufe: Folgegeschäft VIP	Als Neumitglied hat er jetzt das Privileg sechs exklusive VIP-Tickets zu verschenken, welche ein Tag Fitness und Wellness bei uns entsprechen. Der Vorgang wird dem Neumitglied erklärt und nachgefragt, wem er die sechs Tickets verschenken möchte. Wir als Unternehmen haben somit gleich neue Weiterempfehlungen.
8. Stufe: Generieren von Zusatzverkäufen	Damit das Neumitglied perfekt starten kann, werden ihm Zusatzverkäufe, wie beispielsweise Eiweißprodukte oder ein Fitnessarmband, empfohlen.

1.2 Vergleich mit den 13 Stufen des Verkaufs

Tabelle 3: Vergleich der 13 Stufen des Verkaufs mit meinem Ausbildungsbetrieb

13 Stufen des Verkaufs	8 Stufen	Vergleich/ Abweichungen
1. Stufe: Vorbereitung: - Infos über Interessent - Beratungszimmer und benötigte Unterlagen hinrichten - mentale Einstellung	Keine Stufe der Vorbereitung vorhanden, somit keine Gegenüberstellung möglich	Mein Ausbildungsbetrieb hat keine Stufe der Vorbereitung extra aufgeführt, die einzelnen Schritte müssen jedoch trotzdem erfolgen, sind bei uns aber als selbstverständlich angesehen.
2. Stufe: Kontaktaufnahme: - Interessent begrüßen - sich selbst vorstellen - Vertrauen schenken 3. Stufe: Aufbau einer persönlichen Beziehung: - Gesprächseröffnung mit dem Einsatz positiver, nonverbaler Körpersprache um dem Interessenten Vertrauen zu schenken	1. Stufe: Begrüßen und Kennenlernen: - Interessent begrüßen - fünf Eisbrecherfragen stellen - Smalltalk	Die Kontaktaufnahme kann man mit dem Begrüßen der 1. Stufe meines Unternehmens vergleichen, wobei bei uns direkt das Kennenlernen mit rein zählt. Der Aufbau einer persönlichen Beziehung kann mit dem Kennenlernen der ersten Stufe meines Ausbildungsbetriebs verglichen werden. Während die dritte Stufe des Verkaufs nur eine Gesprächseröffnung mit Einsatz der Körpersprache beschreibt, führen wir das gezielt mit den fünf Eisbrecherfragen durch.
4. Stufe: Bedarfsanalyse - Bedarf des Interessenten herausfinden/analysieren - mit der SPIN-Methode und Fragetechniken arbeiten	2. Stufe: Bedarfsanalyse - Bedarf des Interessenten herausfinden/analysieren - mit einem vorgefertigten Formular arbeiten	In beiden Stufen wird der konkrete Bedarf des Interessenten herausgefunden und analysiert, jedoch mit verschiedenen Varianten. Bei der Stufe des Verkaufs wird mit der SPIN-Methode und gezielten Fragetechniken gearbeitet, wobei wir mit einem vorgefertigten Formular analysieren.
5. Stufe: Angebotspräsentation: - Merkmale beschreiben, Nutzen liefern, Vorteile aufzeigen	3. Stufe: Leistungspräsentation: - Funktionalität beschreiben, Nutzen liefern, Vorteile aufzeigen	Die fünfte Stufe des Verkaufs wird als Angebotspräsentation bezeichnet, während sie bei uns Leistungspräsentation genannt wird, Kennzeichen sind aber die gleichen.
6. Stufe: Angebots- und Bestätigungsstufe: - Vorteile des Dienstleistungsverkaufs erklären - dabei Bestätigungs- und Suggestivfragen einsetzen 7. Stufe: Grundsatzentscheidung: - Frage zur Grundsatzentscheidung stellen	Übergang von der dritten in die vierte Stufe	Die 13 Stufen des Verkaufs haben für das Erklären und Aufzeigen der Vorteile des Kaufs sowie die Frage zur Grundsatzentscheidung eine extra Stufe, wobei wir das nur im Übergang von der dritten zur vierten Stufe ansprechen. Da die zwei Stufen sehr wichtig und entscheidend sind haben sie wahrscheinlich extra Stufen dafür eingeführt.

8. Stufe: Preispräsentation für die Mitgliedschaft: - Möglichkeiten und die Preisgestaltung aufzeigen - wobei man den Preis und den Nutzen in Relation stellt 9. Stufe: Das „Ja" für die Mitgliedschaft: - Empfehlung aussprechen 10. Stufe: Preispräsentation für das Startpaket: - Nutzen des Startpakets liefern 11. Stufe: Vorabschluss: - Entscheidungsfrage stellen	4. Stufe: Angebotspräsentation: - Möglichkeiten und Preisgestaltung aufzeigen - wobei man den Preis und den Nutzen in Relation stellt - Startpaket, Servicepauschale und Mitgliedschaft erklären - verschiedene Varianten aufzeigen und empfehlen - Entscheidungsfrage stellen	Beide Stufen haben anfangs die gleichen Kennzeichen, haben jedoch unterschiedliche Namen. Des Weiteren führt mein Unternehmen weitere Schritte durch, welche die 13 Stufen des Verkaufs in extra Stufen aufteilt, um sie wahrscheinlich gezielter umsetzen zu können.
Keine Stufe der Einwandbehandlung vorhanden, somit keine Gegenüberstellung möglich	5. Stufe: Einwandbehandlung: - mögliche Einwände verstehen und beseitigen	Die 13 Stufen des Verkaufs haben keine extra Stufe der Einwandbehandlung. Vielleicht weil sie die Einwandvorbehandlung so ausführlich machen, dass sie die Annahme haben, dass der Interessent keine Einwände mehr bringen kann.
12. Stufe: Abschluss: - Mitgliedschaft ausfüllen - Vorgehen erläutern - Interessent Durchlesen lassen	6. Stufe: Abschluss: - Mitgliedschaft ausfüllen - alles nochmal erklären - Interessent Durchlesen lassen - Willkommensartikel aushändigen	Die 12. Stufe des Verkaufs kann mit der sechsten Stufe meines Ausbildungsbetriebs verglichen werden, es sind dieselben Kennzeichen, wobei wir direkt nach Abschluss alle Willkommensartikel aushändigen, welche bei ihnen erst in der letzten Stufe überreicht werden.
13. Stufe: After Sales: - Gefühl der Unsicherheit beseitigen - Willkommen heißen - Informationsmappe - Gutscheine für Freunde	7. Stufe: Folgegeschäft VIP - Gutscheine für Freunde	Die Informationsmappe wird bei uns in der Stufe davor ausgehändigt. Gutscheine für Freunde werden dort in der letzten Stufe und bei uns in der siebten Stufe überreicht.
Keine Stufe zur Generierung von Zusatzverkäufen vorhanden, somit keine Gegenüberstellung möglich	8. Stufe: Generieren von Zusatzverkäufen: - Empfehlen von Zusatzprodukten, mit denen das Mitglied sein Ziel schneller erreichen kann	Wir haben das Generieren von Zusatzverkäufen als letzte Stufe eingeführt, da es für uns zum optimalen Abschluss des Mitglieds gehört. Die 13 Stufen haben dies überhaupt nicht. Es könnte sein, dass sie diesen Punkt erst im Folgetermin aufnehmen.

1.3 Verkaufsprozessoptimierung

Meiner Ansicht nach, hat es auf jeden Fall Möglichkeiten den Verkaufsprozess in meinem Ausbildungsbetrieb zu optimieren.

Beginnend bei der ersten Stufe der 13 Stufen des Verkaufs „Vorbereitung" fällt auf, dass wir diesen Punkt nicht als Stufe aufgezeichnet haben. Bei uns ist es zwar selbstverständlich, dass man sich in seine Rolle als Berater gibt, sich also mental auf das Beratungsgespräch einstellt und alles vorbereitet, jedoch hat man somit keine vorgegebenen Angaben an die man sich halten kann oder muss und kann somit leichter Fehler begehen, indem man zum Beispiel vergisst wie der Interessent heißt, was möglicherweise die ganze Beratung zerstören kann.

Unsere erste Stufe „Begrüßen und Kennenlernen" ist vom Inhalt zwar sehr ähnlich mit der zweiten und dritten Stufe der 13 Stufen des Verkaufs, könnte aber eventuell auch gesplittet werden, um beides nochmal spezifischer zu formulieren.

Die Bedarfsanalyse, die zweite Stufe eines Beratungsgesprächs ist in meinem Unternehmen schon sehr ausführlich, denn man kann nichts vergessen, indem man ein vorgefertigtes Formular hat, welches man Schritt für Schritt durchgehen kann. Die Frage ist jedoch wie wird das Formular durchgegangen, welche Fragetechniken werden angewandt? Um dies noch spezifischer zu gestalten, könnte man noch spezielle Fragetechniken sowie die SPIN-Methode (Situation, Problem, Implikation, Nützlichkeit) bei uns eingeführt werden.

Die Angebots- und Bestätigungsstufe (sechste Stufe der 13 Stufen des Verkaufs) und die Grundsatzentscheidung (siebte Stufe) werden momentan bei uns nur als Übergang von der dritten in die vierte Stufe dargestellt. Ein Übergang wird oftmals verändert oder vergessen, da diese zwei Stufen aber sehr wichtig für den Abschluss der Mitgliedschaft ist, könnte man sich überlegen, beide Stufen ebenfalls nochmal extra darzustellen.

Die Angebotspräsentation umfasst bei uns einen großen Teil, das Aufzeigen der Möglichkeiten und der Preisgestaltung, in der das Startpaket, die Servicepauschale und dann die Mitgliedschaft an sich selber in verschiedenen Varianten aufgezeigt werden, die Empfehlung für den Interessenten sowie die Entscheidungsfrage. Meiner Meinung nach sollte man nicht alle Varianten aufzeigen, weil der Interessent sonst überfordert ist, wenn er so viele Zahlen auf einmal sieht und es kommt möglicherweise zum Nicht-Abschluss. Somit sollten nur zwei Varianten aufgezeigt werden und davon eine Empfehlung gegeben werden.

Als letzter Punkt finde ich die letzte Stufe unserer Beratungsgespräche, das Generieren von Zusatzverkäufen kritisch. Wir wollen dem Neumitglied zwar etwas Gutes tun, um seine Ziele schneller und optimaler zu erreichen, haben ihm grad aber eine teure Mitgliedschaft unterschreiben lassen und wenn wir ihm jetzt noch beispielsweise ein teures Fitnessarmband andrehen wollen, ist das meiner Ansicht nach zu viel auf einmal. Deswegen fände ich es eine Idee, wenn man diesen Punkt erst im Folgetermin anspricht.

2 Kundenorientierung

2.1 Konzept der Selbstkonkordanz – Transformation der Modi

Um erst einmal Interessenten ins Haus zu bekommen, brauchen sie Motivation dies zu tun. Man unterscheidet hier zwischen intrinsischer Motivation, umgedeutet „von innen kommende" Motivation, man entscheidet also allein, und extrinsischer Motivation, also „von außen kommende" Motivation, man entscheidet also nicht allein, sondern wird von äußeren Einwirkungen beeinflusst. Diese zwei Formen der Motivation können im Konstrukt der Selbstkonkordanz zusammengefasst werden. Selbstkonkordanz definiert sich als „ein Maß, welches vorgibt, wie stark die persönlichen Ziele eines Menschen von Gefühlen intrinsischer Motivation bzw. identifizierter extrinsischer Motivation gesteuert sind." (Maurischat, 2015, S.21).

Viele Menschen sind im externalen Modus, was einer äußerlichen Veranlassung entspricht. Diesen Modus kann man auch mit der ersten Stufe des Transtheoretischen Modells der Absichtslosigkeit vergleichen. Man muss diesen Menschen also erstmal veranschaulichen, warum sie eine Absicht bilden sollen, also in den introjizierten Modus gelangen. Für diese Strategie kann man Maßnahmen entwickeln, wie zum Beispiel das Bilden von Partnerschaften mit anderen Firmen, sogenannte Kooperationspartner. Hier werden Mitarbeiter gefördert Sport zu machen, um fitter für die Arbeit zu sein. Manche Mitarbeiter müssen sogar Sport machen. Eine weitere Maßnahme wäre durch das Marketing möglich, indem man beispielsweise Probleme aufführt, die entstehen können, wenn man kein Sport macht.

Nun muss man diese Menschen in den identifizierten Modus, was einer inneren Veranlassung entspricht, führen. Die Menschen wollen also nun von sich selber aus etwas tun dazu muss man ihnen den Nutzen aufzeigen. Im Transtheoretischen Modell wäre das die Stufe 3, die Vorbereitung, in der man erste Schritte zur Verhaltensänderung macht. Maßnahmen für diese Strategie können ebenfalls größtenteils durch Marketing gezogen werden. Zum Einen könnte man Vorher/Nachher-Bilder von Mitgliedern machen und diese veröffentlichen, zum Anderen Erfahrungsberichte von Mitgliedern, wie sie ihre Ziele erreicht haben. Man sieht und liest somit, dass man diese Ziele erreichen kann.

Wenn man die Menschen jetzt im identifizierten Modus hat, muss man daran arbeiten, dass sie in den intrinsichen Modus gelangen, also Sporttreiben, weil es Spaß macht und nicht nur um ein bestimmtes Ziel zu erreichen. Für diese Strategie könnte man immer wieder Re-Checks machen, um ihnen ihre Zielerreichung zu veranschaulichen und schauen, dass sie alle 6-8 Wochen einen neuen Trainingsplan bekommen, dass es nicht langweilig wird und man immer wieder neue Variationen und Reize austestet.

2.2 Kundenbindung

Unter Motivation oder Motiviertheit versteht man die Bereitschaft einer Person, sich intensiv und anhaltend mit einem Gegenstand auseinander zu setzen. Motivation kann als Prozess aufgefasst werden, in dessen Verlauf zwischen Handlungsalternativen ausgewählt wird. Das Handeln wird dabei auf ausgewählte Ziele ausgerichtet und auf dem Weg dorthin in Gang gehalten, also mit psychischer Energie versorgt (vgl. Hasselhorn & Gold, 2009, S. 103).

Am Anfang einer Mitgliedschaft haben die Neumitglieder durch ein Mangelbedürfnis ein sogenanntes Motivationshoch, welches aber bei vielen Mitgliedern (Ø 30 %) nach 5-12 Wochen aber zu einem sogenannten Motivationsloch abfällt. Dies führt zu einer hohen Trainingsabbruchwahrscheinlichkeit. Die Mitglieder sind am Anfang so motiviert, was sie nicht über einen langen Zeitraum halten können, sie bereuen ihre Mitgliedschaft und haben keine Motivation mehr zu trainieren, sie haben ihr Ziel also nicht mehr vor Augen. Das Ziel eines Fitnessstudios sollte es sein, diese Mitglieder wieder zu motivieren, bzw. erst gar nicht in das Motivationsloch reinfallen zu lassen.

In meinem Ausbildungsbetrieb werden dafür verschiedene Maßnahmen eingesetzt. Der erste Schritt ist es, mit den Neumitgliedern so viele Termine wie möglich zu vereinbaren. Somit müssen sie zu den Terminen erscheinen und man kann sie immer motivieren.

Eine zweite Maßnahme sind Service-Calls, bei uns genannte „Zufriedenheitsanrufe", bei denen der Clubleiter die Neumitglieder gerade nach ca. 5 Wochen anruft und fragt ob alles in Ordnung ist, ob er sich gut in das Fitnessstudio eingelebt hat und ob er zufrieden ist. Mit dieser Maßnahme überrascht man die Mitglieder durch den Anruf, mit dem sie nicht rechnen und bei Problemen kann der Clubleiter diese beiseite räumen.

Unsere Mitglieder bekommen eine kleine Motivation, einen „Fit-100"-Plan, für jede Trainingseinheit bekommen sie eine Unterschrift des Trainers. Bei einer bestimmten Anzahl geschaffter Trainingseinheiten bekommen sie Belohnungen am Service-Point wie einen Eiweiß-Shake oder einen Protein-Riegel. Somit sind die Mitglieder immer motiviert, den nächsten Step zu erreichen, um ihre Belohnungen zu bekommen.

Außerdem bekommen unsere Mitglieder nach ca. 6-8 Wochen einen neuen Trainingsplan mit neuen Übungen und neuen Trainingsreizen. Dadurch bringt man Variation ins Training und es wird nie langweilig, wodurch der Spaßfaktor steigt.

Eine letzte Maßnahme sind Aktionen wie „Bring-a-Friend", bei der unsere Mitglieder einen Freund seiner Wahl mit zum Training bringen darf. Viele Mitglieder verlieren ihre Motivation auch dadurch, dass sie alleine trainieren. Mit dieser Maßnahme kann dies verhindert werden, denn er kann einen Freund mitbringen und mit ihm zusammen trainieren, möglicherweise meldet sich der Freund dann sogar ebenfalls an und er wird mehr Spaß am Training haben.

2.3 Zusatzverkäufe

Mein Unternehmen erzielt Zusatzverkäufe in verschiedener Art und Weise.

Beginnend am Service-Point wird der Verkauf von Eiweißprodukten angeboten, was den Mitgliedern zu ihren Zielerreichungen helfen kann. Dies wird beim ersten Check-Up erklärt und somit auch meist umgesetzt.

Um für unsere trainierenden Eltern das Training zu erleichtern, bieten wir eine Kinderbetreuung an. Diesen Zusatz kann man extra dazu buchen und somit werden ihre Kinder in jedem Alter in unserer Kinderbetreuung von gelernten Erzieherinnen betreut.

Ein weiterer Zusatzverkauf bietet unser Beauty-Bereich an. Man kann hier Kavitation, Lymphdrainage oder dauerhafte Haarentfernung in 10er-Karten kaufen.

Mein Fitnessstudio bietet zwar schon viele Zusatzverkäufe an, es gibt aber immer Erweiterungsmöglichkeiten.

Man könnte 10er-Karten für das komplette Studio anbieten, die man weiter verschenken kann. Ein optimales Geschenk für Freunde und Verwandte. Zielgruppe sollen vor allem Mitglieder sein, die uns an Freunde weiterempfehlen und diesen etwas Gutes tun wollen. Für uns eine gute Chance für eine Neumitgliedschaft, denn die Weiterempfehlung von Mitgliedern ist die beste Möglichkeit für Neumitgliedschaften.

Außerdem könnte man den Verkauf von Fitnessarmbändern oder Uhren einführen, sodass die Mitglieder ihre Ziele kontrollierter und schneller erreichen können. Zielgruppe sollen hier ebenfalls die Mitglieder sein, wobei eher die etwas jüngere Generation angesprochen wird. Die neuesten Fitnessarmbänder bieten eine Möglichkeit an, das Training immer aufzuzeichnen und so alle Werte für jede Trainingseinheit im Blick zu haben. Dadurch kann man seine Ziele kontrollieren und gezielter erreichen.

Um noch mehr Zusatzverkäufe zu erzielen, könnte man Sportbekleidung in verschiedener Form herstellen lassen und verkaufen. Funktionelle Sportbekleidung ist immer mehr gefragt und ist auch wichtig für den Körper, da sie für einen idealen Luft-, Temperatur- und Feuchtigkeitsausgleich sorgt. Um diesen Zusatzverkauf optimal zu gestalten und auch einen Vorteil für das Unternehmen zu schaffen, könnte man das Logo auf die Sportbekleidung drucken, somit macht man gleichzeitig Werbung, wenn die Mitglieder diese Kleidung auch außerhalb des Studios tragen.

3 Teams, Motivation und Führung

3.1 Teamentwicklung

Phase 1 → Forming:

- Teamspiele zum Kennenlernen leiten, sodass jeder sich kennenlernt und eventuell Gemeinsamkeiten herausgefunden werden
- der Teamleiter lässt die Gruppe erste Aufgaben gemeinsam erledigen, sodass sie sich untereinander und mit der Arbeit vertraut machen

Phase 2 → Storming:

- in dieser Phase muss der Teamleiter als Streitschlichter agieren, er muss dafür sorgen, dass Konflikte geklärt werden
- muss dann das Team aber wieder antreiben und auf die gemeinsamen Ziele aufmerksam machen

Phase 3 → Norming:

- er hilft dem Team die Spielregeln aufzustellen und ist dann dafür verantwortlich, dass diese auch umgesetzt und eingehalten werden und muss gegebenenfalls Maßnahmen einleiten
- es sollte eine Ablauf- und eine Aufbauorganisation gegeben sein, dass klare Strukturen herrschen und jeder weiß was er wann zu tun hat

Phase 4 → Performing:

- der Teamleiter sollte schauen, dass sein Team regelmäßig Schulungen besuchen darf, um immer weiterzulernen und motiviert zu bleiben
- Teamevents planen, dass das Team zusammenschweißt und Spaß miteinander hat

Besonders gefordert ist der Teamleiter in der 2. Phase, dem Storming, da hier keine gute Stimmung im Team herrscht. Wie der Name „Storming" schon sagt, stürmt es im Team, es entstehen Machtkämpfe, die zu Konflikten führen, sowohl zu Rollenkonflikten, als auch zu Aufgabenkonflikten. Der Teamleiter muss hier nun eingreifen und als Streitschlichter agieren, sowie das Team wieder antreiben und auf die gemeinsamen Ziele aufmerksam machen. Ohne die Unterstützung des Teamleiters in dieser Phase, um Konflikte zu lösen, kann das Team diese Phase nur sehr schwer überstehen und droht eventuell sogar zum zerbrechen.

3.2 Motivation

Die Aussage „Gruppenprovisionen sind in der Fitnessbranche die beste Möglichkeit die Mitarbeiter im eigenen Unternehmen dauerhaft zu motivieren" kann man kritisch hinterfragen. Dazu muss man die Vorteile und die Nachteile aufzählen sowie eventuelle Vor- und Nachteile der Einzelprovision hinzufügen.

Ein Vorteil, also ein Argument für diese Aussage, ist definitiv die Zusammenarbeit des Teams, was eine sehr große Rolle spielt. Hingegen ist nämlich bei der Einzelprovision die Konkurrenz im Team sehr hoch, denn jeder arbeitet für sich selber und unterstützt den Anderen nicht.

Außerdem haben Teams mit Gruppenprovisionen den Vorteil, dass sie ihre Termine, wenn sie Feierabend oder Pause haben, übergeben können, bzw. übergeben wollen. Die Provision bekommen ja sowieso dann beide. Bei der Einzelprovision werden Termine sehr selten übergeben, denn sonst verpasst man ja eine Provision.

Nun kommt man schon zu den überwiegenden Nachteilen, also zu Gegenargumenten der Aussage.

Bei Gruppenprovisionen bekommt man keine direkte Belohnung seiner Leistung und somit besteht auch eine fehlende Anerkennung. Es kann sein, dass es Gruppenmitglieder gibt, die sehr viel machen und die für ihre Leistung eigentlich belohnt werden sollten, wobei es Mitglieder gibt, die sehr wenig machen und im Endeffekt die gleiche Belohnung bekommen. Somit kann es zu Konflikten im Team kommen.

Gute Mitarbeiter, die also zum Ziel am meisten beigetragen haben, können sich benachteiligt fühlen und bekommen keine Anerkennung für ihre Leistung, somit kann es auch dazu führen, dass sie die nächsten Male nicht mehr ihre volle Leistung bringen und unmotiviert sind.

Ein weiterer Aspekt ist dann die Verteilung des Geldes, wer bekommt wieviel Provision, wie wird das Geld aufgeteilt. Bekommen Aushelfer, die nur wenige Arbeitsstunden leisten, aber trotzdem zum Team gehören und zum Gruppenziel mitgeholfen haben die gleiche Provision wie Festangestellte? Solche Fragen muss sich der Teamleiter/Chef stellen und eine richtige Entscheidung treffen.

Zusammenfassend kann man sagen, dass es sowohl Vorteile, als auch Nachteile für Gruppenprovisionen in der Fitnessbranche gibt. Überwiegend sind jedoch die Nachteile. Somit muss man für sich selber rausfinden, was die beste Möglichkeit für sein Team ist. Eine optimale Lösung wäre allerdings meiner Ansicht nach eine Kombination aus Einzel- und Gruppenprovision. Es werden also beispielsweise Jahresziele festgelegt, die das Team gemeinsam erreichen muss, wenn es dies schafft, bekommt es eine Gruppenprovision. Dazu bekommen die einzelnen Mitarbeiter für Neuverträge oder sonstiges Einzelprovision. Somit ist jeder motiviert sowohl im Team als auch für sich selber das Beste zu geben, um die Ziele zu erreichen.

3.3 Führung

Fallbeispiel 1 → direktiver Stil:

Im Fallbeispiel handelt es sich um den direktiven Stil, denn laut Sauer (2009, S. 70) gibt ein direktiver Stil klare Anweisungen, wie in dem Fallbeispiel 1 ebenfalls erkennbar ist: „exakte Vorgaben bekommen, wie sie ihre Aufgaben zu erledigen haben", „bis ins kleinste Detail aufgesplittet" sowie „haben exakte Anweisungen bekommen, was sie zu tun und wie sie zu arbeiten haben.". Außerdem überwacht ein direktiver Stil streng seine Mitarbeiter, wie im Fallbeispiel klar zu erkennen ist: „Mehrmals täglich mache ich meine Kontrollgänge durch die Anlage, um zu überprüfen, ob meine Mitarbeiter auch wirklich so arbeiten, wie ich es ihnen gesagt habe.".

Fallbeispiel 2 → affiliative Stil:

Im Fallbeispiel 2 ist der affiliative Stil zu erkennen.

Dieser Leadership-Style hat das Kennzeichen einer harmonischen Beziehung zwischen Mitarbeiter und Führungskraft. „...Team durch unsere Harmonie und den starken Zusammenhalt..", eine Aussage aus dem Fallbeispiel, was dieses Kennzeichen verdeutlicht. Da das Unternehmen erst seit einem Jahr besteht, muss das Team dafür sorgen, dass dies auch bestehen bleibt, somit trifft auch das Kennzeichen, dass die Zustimmung aller für den Erfolg unerlässlich ist, zu (Sauer, 2009, S. 70).

4 Controlling

4.1 Kennzahlen im Vertrieb

Telefonquote = Anzahl der vereinbarten Termine/Anzahl Interessentenanrufe x 100

Termineinhaltungsquote = Anzahl der durchgeführten Beratungen/ Anzahl der vereinbarten Termine x 100

Abschlussquote = Abschlüsse/ Anzahl der durchgeführten Beratungen x 100

Tabelle 4: Kennzahlen aller Vertriebsmitarbeiter

	A	B	C
Telefonquote	((91+84+79)/ (115+103+100)) x 100 = 79,87%	((89+96+86)/ (112+126+120)) x 100 = 75,70%	((71+82+84)/ (196+182+183)) x 100 = 42,25%
Termineinhaltungs-quote	((62+58+60)/ (91+84+79)) x 100 = 70,87%	((85+76+74)/ (89+96+86)) x 100 = 86,72%	((41+40+43)/ (71+82+84)) x 100 = 52,32%
Abschlussquote	((29+22+22)/ (62+58+60)) x 100 = 40,56%	((73+67+65)/ (85+76+74)) x 100 = 87,23%	((35+36+36)/ (41+40+43)) x 100 = 86,29%

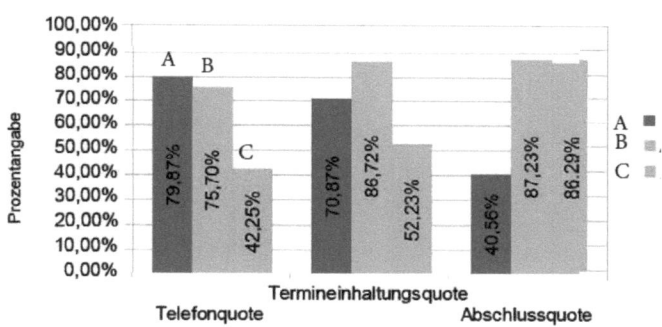

Abbildung 1: Kennzahlenentwicklung aller Vertriebsmitarbeiter

Beurteilung der Abbildung 1:

Elisabeth hat die beste Telefonquote, hingegen aber die schlechteste Abschlussquote. Hier muss man auf jeden Fall etwas verbessern, denn ihre Abschlussquote liegt bei 40%, ungefähr der Hälfte der anderen zwei Vertriebsmitarbeiter. Somit sollte man Elisabeth auf jeden Fall auf eine Verkaufsschulung schicken, beziehungsweise sie selber im Verkauf schulen und verbessern, um ihre Abschlussquote zu steigern und somit den kompletten Vertrieb zu verbessern.

Anne hat zwar eine sehr gute Abschlussquote, jedoch eine verbesserungsfähige Telefon- und Termineinhaltungsquote, die bei 42 bzw. 52% liegen. Als Vertriebsleiter würde ich mit ihr Rollenspiele machen, um zu sehen an was es scheitert und sie hierbei verbessern, eventuell auf Schulung schicken, wenn möglich, um eine bessere Quote zu erreichen. Sobald Anne sich am Telefon verbessert und die Leute motiviert ins Studio zu kommen, wird auch ihre Termineinhaltungsquote vermutlich besser. Somit sollte sie auf jeden Fall eine Überraschung am Telefon ankündigen, dass die Kunden sich freuen und zum Termin erscheinen.

Auf Platz eins der Abschlussquoten ist seither Andreas mit 87%, er hat eine gute Telefonquote und die beste Termineinhaltungsquote. Trotz dessen darf man seine guten Mitarbeiter nicht vergessen, im Gegenteil, man muss sie loben und weiterhin auf Schulungen schicken, dass sie auf dem aktuellsten Stand sind und der Vertrieb weiterhin läuft.

4.2 Fluktuationsquote

Fluktuationsquote = Anzahl der Abgänge/ Ø Mitgliederbestand x 100

Anzahl der Abgänge = 29+67+116+81+43+57+69+43+64+63+103+111 = 846

Ø Mitgliederbestand = (3650+3753+3813+3823+3831+3878+3886+3882+3906+3925+ 3960+3980+4004)/ 13 = 3869

Fluktuationsquote = (846/3869) x 100 = 21,87 %

Senkung der Fluktuationsquote um 5%: 21,87% – 5% = 16,87%

Bei gleichbleibendem Ø Mitgliederbestand von 3869 gibt es eine Senkung der Abgänge, somit muss man rechnen:

Die Anzahl der Abgänge sei X:

(X/3869) x 100 = 16,87% | /100

X/3869 = 0,1687 | x 3869

X = 653

Mit einer Fluktuationsquote von 16,87% hat man nur 653 Abgänge, das ergibt ein Unterschied von: 846 – 653 = 193.

Man hat also 193 mehr Mitglieder im Monat bei dieser Fluktuationsquote, im Jahr wären das: 193 x 12 = 2316 mehr Mitglieder im Jahr.

Bei einem durchschnittlichen Monatsumsatz von 50€ netto pro Mitglied hat man einen Jahresmehrumsatz von:

2316 x 50€ = **115.800€.**

→ **Bei einer Senkung der Fluktuationsquote um 5%, erwirtschaftet das Unternehmen einen Jahresmehrumsatz von 115.800€.**

5 Literaturverzeichnis

Hasselhorn, M. & Gold, A. (2009). *Pädagogische Psychologie. Erfolgreiches Lernen und Lehren*. Stuttgart: Kohlhammer.

Maurischat, J. (2015). *Motivation zur sportlichen Aktivität: Eine stadienanalytische Studie zur Selbstkonkordanz*. Hamburg: Diplomica Verlag GmbH.

Sauer, J. (2009). *Führung macht den Unterschied*. Zugriff am 09.09.2017. Verfügbar u n t e r https://www.haygroup.com/Downloads/de/misc/Fuehrung_macht_den_Unterschied.pdf

6 Abbildungs- und Tabellenverzeichnis

6.1 Tabellenverzeichnis

6.2 Abbildungsverzeichnis